# Binturong o Gato Oso (Arctictis binturong)

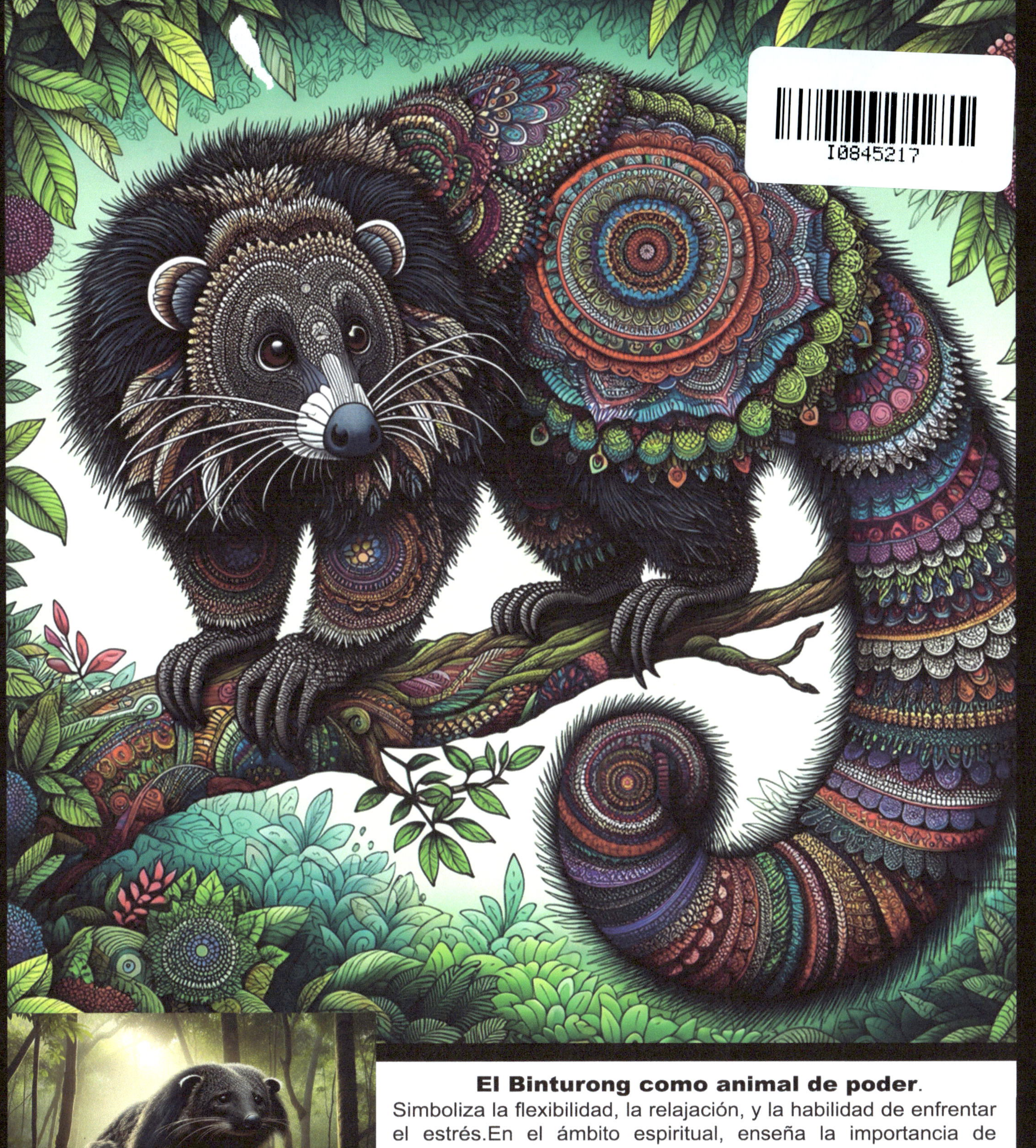

**El Binturong como animal de poder**.
Simboliza la flexibilidad, la relajación, y la habilidad de enfrentar el estrés.En el ámbito espiritual, enseña la importancia de adaptarse y tomar decisiones con calma para encontrar la felicidad. Su presencia sugiere la necesidad de apreciar lo que se tiene. La capacidad única del **Binturong** para comunicarse, incluyendo su olor similar al de las palomitas de maíz y su risa parecida a la humana, resalta la importancia de la comunicación y la defensa personal en momentos de amenaza. Aunque no es territorial, se defiende con agresividad si es necesario, recordándonos proteger nuestro espacio personal.

# Caballo de Przewalski (Equus ferus przewalskii)

### El Caballo como animal de poder.

Simboliza la libertad, el poder, y la resistencia. Representa la capacidad de llevarnos hacia nuevas direcciones y descubrir libertades personales y poder interno. En muchas culturas, el caballo es visto como un guía espiritual en viajes metafísicos, ofreciendo vigor, lealtad y un espíritu guerrero para superar obstáculos.

Su presencia como animal de poder sugiere un llamado a la aventura, exploración y un viaje hacia el auto-descubrimiento, motivándonos a expandir nuestras habilidades potenciales y forjar amistades y cooperaciones significativas.

# Camello Bactriano Salvaje (Camelus ferus)

**El Camello Bactriano como animal de poder**. Simboliza la resistencia, la autosuficiencia y la capacidad para superar entornos difíciles. Este noble ser enseña la importancia de conservar nuestros recursos internos, adaptándonos a situaciones variadas con gracia y fortaleza. Al igual que el camello, aquellos que lo eligen pueden atravesar los desiertos de la vida con confianza y paciencia, encontrando oasis de oportunidades en medio de adversidades. A pesar de las cargas que llevamos, somos capaces de avanzar hacia nuestros objetivos con determinación y esperanza, siempre manteniendo un espíritu positivo ante los desafíos.

# Cerdo Barbado (Sus barbatus)

**El Cerdo Barbado como animal de poder**.
Encarna la adaptabilidad, la inteligencia social y la capacidad de aprovechar los recursos disponibles para la supervivencia y el bienestar. En las culturas locales de Asia, simboliza la importancia de la comunidad y la familia, dado su comportamiento gregario y migratorio. Este animal enseña la importancia de adaptarse a los cambios, utilizando la intuición y la inteligencia colectiva para superar desafíos. Su presencia como totem sugiere un llamado a reconocer y valorar los recursos naturales y la necesidad de moverse armoniosamente con el ciclo de la vida.

# Antílope Tibetano o Chiru (Pantholops hodgsonii)

**El Antílope Tibetano como animal de poder**. Adaptado a la vida en las alturas del Tíbet, simboliza la adaptabilidad, la resistencia y la capacidad para navegar por entornos desafiantes. Su presencia sugiere una conexión con los elementos de la naturaleza y la capacidad para superar obstáculos con gracia y agilidad. Para aquellos que se identifican con el Chiru, puede representar la búsqueda de la libertad, la importancia de mantener la propia integridad en situaciones difíciles y la habilidad para avanzar hacia los objetivos personales con determinación. Nos enseña a valorar nuestra capacidad para adaptarnos, sin importar las circunstancias.

# Ciervo de Eld (Rucervus eldii)

**El Ciervo de Eld como animal de poder**.

Es un animal de poder que simboliza la gracia, la nobleza y la vulnerabilidad. Nativo de Asia, su presencia es especialmente significativa en la India.

Este ciervo, con sus patas delgadas y largas y su elegante porte, representa la conexión con la naturaleza y el ciclo de la vida, adaptándose a los ritmos estacionales de su entorno.

En la cultura Meitei de Manipur, India, el sangai es visto como un vínculo vital entre los humanos y la naturaleza, y matarlo se considera un pecado imperdonable.

# Cobra India (Naja naja)

### La Cobra India como animal de poder.

Se asocia profundamente con la transformación espiritual y la sabiduría. Este reptil actúa como una guía del alma, ofreciendo lecciones sobre el recuerdo del mundo del alma y la transmutación de la misma. Aquellos que se identifican con la cobra pueden encontrar en ella un poderoso aliado para el descubrimiento y la exploración de recuerdos de vidas pasadas. La sabiduría de la Diosa, a menudo vinculada con este animal, subraya un camino hacia la comprensión profunda y la iluminación espiritual, brindando también un símbolo de resistencia contra la persecución religiosa.

# Dragón de Komodo (Varanus komodoensis)

**El Dragón de Komodo como animal de poder**. Simboliza  la capacidad de entrar en profundos estados de sueño y reflexión, marcando un camino hacia el entendimiento interno y la meditación. Como guerrero de energía, nos enseña sobre la importancia de la resiliencia y la fuerza interior, destacando la velocidad no solo física sino también en la toma de decisiones. Su conexión con las vibraciones de la Tierra refleja una profunda sintonía con el mundo natural y la capacidad de adaptación. La longevidad del Dragón de Komodo nos recuerda la importancia de la sabiduría acumulada y la experiencia a lo largo de la vida.

# Elefante Indio (Elephas maximus indicus)

### El Elefante Indio como animal de poder.

Simboliza sabiduría, fuerza, y un espíritu comunal y protector. En la cultura budista, representa buena suerte, fortaleza mental y el despertar espiritual, simbolizando un camino hacia la iluminación, donde la mente salvaje se transforma en una de propósito y resolución. **Los elefantes** son venerados por su inteligencia, memoria excepcional, y comportamiento cooperativo y pacífico, enseñándonos sobre la importancia de la comunidad, la lealtad, y la perseverancia. Encarnan la paciencia y la capacidad de recordar, lo que nos recuerda valorar nuestras relaciones y nuestras experiencias como lecciones de vida.

# Foca de Baikal (Pusa sibirica)

**La Foca de Baikal como animal de poder**.
Representa adaptabilidad y misterio. Este animal, que ha evolucionado para sobrevivir en un entorno aislado y frío, simboliza la capacidad de adaptación y la supervivencia a través de la introspección y el aprovechamiento de los recursos internos. La foca de Baikal, con su comportamiento solitario, nos enseña la importancia de la independencia y la autoconfianza. A pesar de enfrentar amenazas, su presencia continúa siendo fuerte en el lago, mostrando resiliencia y la importancia de luchar por la supervivencia.
Invita a la adaptación y la autoreflexión.

# Gallo Bankiva (Gallus gallus)

**El Gallo Bankiva como animal de poder**.
Símbolo de orgullo y resurrección, es un tótem de gran poder y misterio con profundos vínculos ancestrales. Representando la sexualidad y la vigilancia, se asocia con el despertar y la protección contra malos espíritus, anunciando con su canto el inicio de un nuevo día. Como guardián espiritual y físico, fomenta la visión, la franqueza y la confianza, inspirando a sus afines a adoptar una actitud entusiasta y optimista ante la vida. El **gallo** nos invita a explorar nuestros poderes ocultos y a recibir cada amanecer con valor y comunicación, recordándonos la importancia de equilibrar nuestras energías internas.

# Gaur (Bos gaurus)

### El Gaur como animal de poder.

Representa la capacidad de mantenerse firme ante los desafíos, reflejando su robustez y la habilidad para adaptarse a diversos ambientes, desde bosques densos hasta zonas montañosas. Como animal de poder, el gaur inspira a superar obstáculos con determinación y a proteger lo que es importante para uno. Su presencia en la mitología y culturas locales resalta su importancia como un guardián de los recursos naturales y un emblema de la vida salvaje en su hábitat.

Este ser imponente nos enseña sobre la importancia de la conservación y el respeto por nuestro entorno natural.

# Gibón de Mejillas Doradas (Nomascus gabriellae)

**El Gibón como animal de poder**.

Simboliza la importancia de la comunicación y la comunidad. Su canto matutino nos enseña la importancia de expresar nuestros sentimientos y fortalecer nuestras relaciones.

Su hábitat en los bosques tropicales refleja libertad y adaptabilidad, mientras que su comportamiento social subraya la importancia de la comunidad y el equilibrio.

Su presencia en la espiritualidad nos invita a explorar nuestra propia agilidad en la vida, recordándonos valorar nuestras conexiones y avanzar con confianza y ligereza.

# Langur Dorado (Trachypithecus geei)

**El Langur Dorado como animal de poder**.
Simboliza la iluminación, la protección de los ancestros y espacios naturales sagrados. Su presencia dorada y aura de tranquilidad nos recuerdan la importancia de la paz interior y la sabiduría. Quienes se identifican con este animal son guiados hacia la claridad espiritual y la comprensión que no se puede juzgar el pasado con los datos de hoy. Venerado en las regiones del Himalaya, enseña el equilibrio entre vivir en comunidad y la necesidad de períodos de soledad para el crecimiento personal. Su cara misteriosa nos acerca a hornar a los que nos precedieron en este mundo y entender sus dificultades.

# León Asiático (Panthera leo leo)

### El León Asiático como animal de poder.

Ha cautivado a las culturas asiáticas desde tiempos inmemoriales. En el hinduismo, se le asocia con Vishnu, dios protector, y Durga, diosa guerrera, simbolizando fuerza, coraje y liderazgo. En el budismo, representa la protección contra el mal y la vigilancia.

Evoca realeza y nobleza. Su comportamiento, marcado por la astucia en la caza y la defensa feroz de su territorio, lo convierte en un símbolo de poderío y determinación.

Nos invita a conectar con nuestra fuerza interior, a desarrollar la valentía y la capacidad de afrontar los desafíos con sabiduría.

# Leopardo de las Nieves (Panthera uncia)

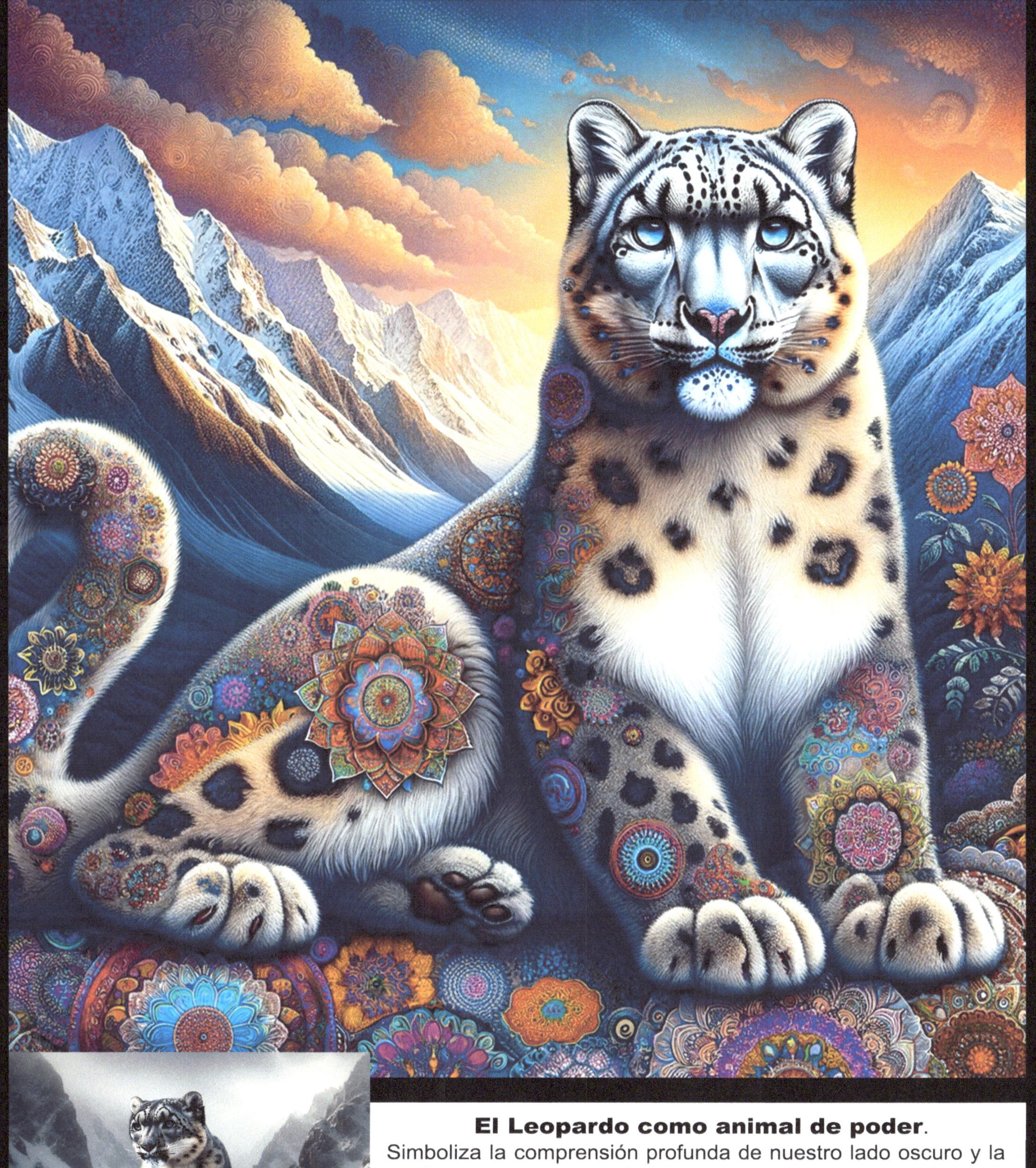

### El Leopardo como animal de poder.

Simboliza la comprensión profunda de nuestro lado oscuro y la confianza en nuestro yo interior. Representa la agilidad, fuerza y habilidad para acechar silenciosamente, destacando la importancia del poder del silencio. Este animal de poder nos invita a reflexionar sobre nuestras sombras internas, fortaleciendo nuestra autoconfianza y enseñándonos a movernos con destreza y discreción en nuestras vidas.

Su presencia es un recordatorio del valor de la introspección y la autocomprensión, guiándonos hacia la iluminación personal a través del silencio y la reflexión.

# Leopardo Nublado (Neofelis nebulosa)

**El Leopardo Nublado como animal de poder**.
Simboliza la elusividad, el secreto y la capacidad de navegar por la vida de manera independiente y privada. Este animal tótem nos enseña la importancia de mantener nuestros secretos y usar el poder del aislamiento para enfocarnos en nuestros objetivos personales. Su presencia en nuestra vida es un recordatorio para comprender los peligros y las ventajas de la belleza, y para ser habilidosos tanto en la adaptación como en la superación de obstáculos. Nos anima a ser buenos nadadores en el mar de la vida, limpios y capaces de moverse sin impedimentos, y excelentes escaladores, alcanzando nuevas alturas con facilidad

# Macaco Japonés (Macaca fuscata)

**El Macaco Japonés como animal de poder**.
Simboliza la adaptabilidad y la comunidad. Este primate, es famoso por sus baños en aguas termales, un comportamiento que refleja su inteligencia y capacidad de adaptación a entornos desafiantes. En el ámbito espiritual, el Macaco Japonés puede enseñarnos sobre la importancia de cuidarnos a nosotros mismos y a los demás, la calma en medio de las adversidades y el valor de la comunidad y la estructura social. Su dieta omnívora y la ausencia de depredadores naturales subrayan su adaptabilidad y resiliencia, cualidades valiosas para quienes buscan un guía que inspire fortaleza y flexibilidad en la vida.

# Mono Narigudo (Nasalis larvatus)

### El Mono Narigudo como animal de poder.

Encarna la alegría de vivir, la creatividad desbordante y la agilidad tanto mental como física. Nos invita a abrazar la inteligencia y la innovación para afrontar desafíos, recordándonos no tomar la vida con excesiva seriedad.

Este primate resalta la importancia de la comunicación efectiva y las relaciones saludables, inspirando una existencia más juguetona y espontánea.

Con su presencia, nos anima a encontrar la felicidad en los pequeños detalles y a mantenernos activos y curiosos ante los misterios de la vida.

# Orangután de Sumatra (Pongo abelii)

**El Orangután como animal de poder**.
En malayo significa "hombre del bosque". Simboliza la sabiduría emocional y el equilibrio interior. En el ámbito espiritual, nos invita a conectarnos con nuestra sabiduría interna y a corregir los desequilibrios personales mediante la introspección.

Las personas con este animal de poder se caracterizan por su serenidad, inteligencia emocional y una fuerte conexión con la naturaleza, especialmente con los árboles.

A través de ellos, aprendemos la importancia de ser auténticos en todas las situaciones y de ofrecer bondad y apoyo a quienes nos rodean.

# Oso del Sol (Helarctos malayanus)

### El Oso del Sol como animal de poder.

Simboliza la fuerza en la soledad y la habilidad para encontrar luz incluso en la oscuridad. En diversas culturas, los osos son vistos como guardianes de la sabiduría, protectores feroces y símbolos de valentía y autosuficiencia. Su distintiva mancha en el pecho recuerda a los humanos la importancia de llevar la luz dentro de sí mismos, iluminando el camino en momentos de oscuridad.

Este animal de poder enseña a abrazar la vida con curiosidad, a aprovechar las oportunidades de crecimiento y a enfrentar los desafíos con coraje.

# Panda Gigante(ailuropoda melanoleuca)

## El Panda Gigante como animal de poder.

Es profundamente venerado en la cultura china, simbolizando valores como la amabilidad, bondad, amor y respeto. Su imagen evoca una vida equilibrada y pacífica, siendo considerado un símbolo nacional de paz y armonía. Esta criatura también encarna el equilibrio del Yin y Yang debido a su pelaje bicolor, representando la búsqueda de equilibrio en la vida. En el ámbito espiritual, se asocia con la fuerza suave, la paz, buena suerte, y la importancia de mantener un espacio personal seguro y equilibrado. Regalar un panda en China es un gesto de buenos deseos de salud y éxito.

# Pangolín de Sunda (Manis javanica)

**El Pangolín de Sunda como animal de poder**.
Con su distintiva armadura de escamas, es un poderoso símbolo de protección y resiliencia. En varias culturas asiáticas, se le considera un guardián contra las energías negativas, enseñando la importancia de la defensa personal y el autocuidado.

Su habilidad para enrollarse en una bola impenetrable simboliza la necesidad de proteger nuestro núcleo interno de las adversidades. Nos alienta a permanecer fieles a nosotros mismos y a nuestras creencias, incluso cuando enfrentamos desafíos, enseñándonos a equilibrar nuestra fortaleza exterior con un centro suave y compasivo.

# Loris Perezoso (Nycticebus)

**El Loris Perezoso como animal de poder**.
Este pequeño primate nocturno, nativo de los bosques tropicales, nos enseña sobre la paciencia, la meticulosidad en nuestros movimientos y la eficiencia en el uso de nuestros recursos. Su metabolismo extremadamente lento, una adaptación que les permite subsistir con menos alimento, refleja la necesidad de ser conscientes de nuestro entorno y recursos. Su existencia, íntimamente ligada a la densa vegetación y la oscuridad de la noche, nos invita a encontrar confort en nuestra propia compañía y a buscar la luz interior en momentos de oscuridad.

# Rinoceronte de Sumatra (Dicerorhinus sumatrensis)

**El Rinoceronte como animal de poder**.
Simboliza la salud, longevidad y una conexión profunda con el espíritu de la tierra, aumentando nuestras percepciones. Este poderoso animal nos enseña sobre la importancia de la solidez, la resistencia y el estar firmemente arraigados en nuestro propio camino, ofreciendo una base sólida sobre la cual construir y mantener nuestra bienestar físico y espiritual. Al invocar al rinoceronte como animal de poder, se nos recuerda mantenernos fuertes frente a los desafíos, conservar nuestra salud y prolongar nuestra vida a través de una conexión consciente con el mundo natural y sus ciclos eternos.

# Siamang (Symphalangus syndactylus)

**El Siamang como animal de poder**.
Simboliza la conexión profunda con la comunidad y la comunicación. Su comportamiento de cantar en dúo refuerza los lazos familiares, sugiriendo que el **siamang como animal de poder** puede enseñar sobre la importancia de las relaciones y la expresión vocal en la formación de comunidades sólidas.

La habilidad de moverse ágilmente entre los árboles destaca la adaptabilidad y la importancia de mantener un equilibrio entre el cielo y la tierra, invitando a aquellos que se identifican con el **siamang** a encontrar armonía en su propio entorno y relaciones

# Takin (Budorcas taxicolor)

**El Takin del Himalaya como animal de poder**. Venerado como animal nacional de Bután, simboliza la majestuosidad de las altas montañas del Himalaya y la riqueza natural de esta nación. Este ser, con su imponente presencia y resistencia única, refleja las cualidades de fortaleza, adaptabilidad y misterio, inspirando admiración y respeto profundamente arraigados en la cultura local. Invita a contemplar la importancia de la coexistencia armoniosa con la naturaleza y el valor de preservar la integridad del mundo natural, recordándonos que la verdadera fuerza surge de la conexión profunda con nuestras raíces y el entorno que nos rodea.

# Tigre de Bengala (Panthera tigris tigris)

**El Tigre de Bengala como animal de poder**.
Encarna la fuerza, el coraje y la protección. En la antigua China, representa el yin, equilibrando energías y simbolizando la protección contra el mal. Venerado en el taoísmo y la cultura hindú, es símbolo de poder y renacimiento. Enseña a liderar con valentía y a mantener el equilibrio interior frente a la adversidad. En diferentes culturas, refleja el liderazgo, la sabiduría y la protección divina.

Aquellos a quienes el tigre elige son llamados a dominar sus dominios con fuerza y gracia, superando obstáculos con determinación y un corazón valiente.

# Tortuga Estrellada India (Geochelone elegans)

**La Tortuga Estrellada como animal de poder**. Encarna la sabiduría y la paciencia en muchas culturas. Su caparazón, adornado con patrones que recuerdan a estrellas, simboliza la conexión con el cosmos y la tierra, ofreciendo una guía para la navegación interior y la introspección. Su dieta herbívora y su comportamiento reclusivo resaltan la importancia de nutrirse de lo simple y encontrar refugio en la serenidad del propio entorno.

Su práctica de enterrar sus huevos y dejar que eclosionen solos enseña sobre la liberación y la confianza en el ciclo de la vida.

# Yak Salvaje (Bos mutus)

### El Yak Salvaje como animal de poder.

Forjado en la adversidad, este bóvido de pelaje largo y mirada penetrante encarna la fuerza interior y la tenacidad inquebrantable.

Los yaks salvajes, unidos por un fuerte vínculo social, nos recuerdan la importancia de la cooperación y la comunidad. Su comportamiento, guiado por la intuición y la sabiduría ancestral, nos invita a conectar con nuestro lado más instintivo.

Es un tótem que nos impulsa a superar nuestras limitaciones, a abrazar la vida con valentía y a caminar con paso firme hacia nuestros objetivos.

# Espacio libre para tu creatividad